SHG-Akten: Die Plattling-Berichte
Außerirdische aus Fremddimensionen

FSC
www.fsc.org
MIX
Papier aus ver-
antwortungsvollen
Quellen
Paper from
responsible sources
FSC® C105338

Herold zu Moschdehner

SHG-Akten: Die Plattling-Berichte

Außerirdische aus Fremddimensionen

Bibliografische Information der Deutschen Nationalbibliothek
Die Deutsche Nationalbibliothek verzeichnet diese Publikation in der Deutschen Nationalbibliografie; detaillierte bibliografische Daten sind im Internet über http://dnb.d-nb.de abrufbar.

ISBN: 978-3-7693-5641-0

© 2025 Herold zu Moschdehner
Verlag: BoD · Books on Demand GmbH, Überseering 33, 22297 Hamburg, bod@bod.de
Druck: Libri Plureos GmbH, Friedensallee 273, 22763 Hamburg

Vorwort

Haben Sie in Ihrem Badezimmer noch Rohre, die nicht in der Wand installiert sind? Und gibt es unter diesen Rohren Aussparungen oder kastenartige Formen im Boden?

Dieses Buch ist keine Sammlung von Spukgeschichten. Es ist ein Protokoll. Eine Aneinanderreihung von Beobachtungen, Fundstücken, Berichten. Was sich zunächst liest wie absurde Anekdoten über Rohre, Badezimmer und verschwundene Personen, ist in Wahrheit die Chronik eines jahrzehntelang übersehenen Phänomens.

Die Idee, dass sich Außerirdische unter uns befinden, ist nicht neu. Doch diese Wesen, die wir Plattlinge nennen, beanspruchen keinen Himmel, kein Raumschiff, kein kosmisches Sendungsbewusstsein. Sie liegen flach am Boden. Still. Eingelassen in unsere Sanitäranlagen.

Es wäre ein Leichtes, sie zu übersehen – und genau das tun wir. Seit Jahrzehnten. Dabei sind die Hinweise überall: Rechtecke mit Rohren. Kinder, die träumen. Zahlenmuster. Lichtreflexe, die keine sind. Und immer wieder: das Schweigen. Als ob etwas in diesen Räumen wartet. Nicht auf uns, sondern mit uns.

Die folgenden Kapitel beruhen auf den Akten der SHG, einer privaten Untersuchungseinheit, die sich seit den 1980er-Jahren mit Anomalien in Architektur und Raumverhalten befasst.

Es bleibt dem Leser überlassen, ob er glaubt, was er liest.

Aber er wird danach anders duschen.

Die Flachen unter uns – Systematik, Herkunft, Absicht

Es beginnt mit einer Frage, die sich jeder stellen kann: Warum sind in alten Badezimmern manchmal kleine, weiße Rechtecke eingelassen, oft am Boden, mit Rohren, die scheinbar willkürlich daraus hervorgehen? Und warum wurden genau diese Systeme ab etwa 1970 so gut wie nicht mehr außerhalb der Wand gebaut? Die Antwort darauf ist keine technische. Sie ist interdimensional.

Kapitel 1: Fallakte 017 – Das Haus in Rinteln

Rinteln, Niedersachsen. Ein Reihenhaus wie jedes andere. Drei Zimmer, Klinkerfassade, ein winziger Garten mit Plastikstuhl. Gebaut 1974, modernisiert 1999. Die Straßenschilder in der Mühlenstraße sind grau, die Bewohner zurückhaltend. Und doch begann hier, hinter einer schlichten Holztür mit einem verblichenen Aufkleber „Kein Werbematerial", einer der merkwürdigsten Fälle der Nachkriegszeit.

Der Mieter hieß Rüdiger K., Jahrgang 1963, ledig. Er arbeitete früher in einer Schraubenfabrik, bis er dort im Jahr 2011 entlassen wurde. Seitdem lebte er von Arbeitslosengeld II und gelegentlichen Jobs im Schichtdienst. In der Nachbarschaft galt er als freundlich, aber eigenbrötlerisch. Es gab Beschwerden, weil er oft nachts das Bad benutzte und dabei offenbar Selbstgespräche führte. Niemand nahm das ernst.

Am 17. März 2016 rief Rüdiger beim Sanitärunternehmen "Fehrmann & Sohn" an. Der Mitschnitt des Gesprächs liegt vor. "Die Heizung spinnt... oder vielleicht auch nicht. Ich weiß nicht genau. Aber das Bad... da atmet was."

Der Mann am anderen Ende, ein gewisser Jan Fehrmann, notierte sich den Auftrag. Doch es war weniger das Wort „atmet", das ihm auffiel, sondern der Zusatz: „Ich bin mir sicher, dass die Platten auf dem Boden warm werden, wenn ich traurig bin."

Zwei Tage später schickte man Sven M. los, 38 Jahre alt, seit zwölf Jahren im Betrieb. Ein zuverlässiger Mann mit Sinn für Ordnung, geschieden, zwei Kinder. Er traf um 8:00 Uhr in der Mühlenstraße ein. Das letzte Mal, dass ihn jemand lebend sah.

Was in diesen folgenden 16 Minuten im Bad geschah, lässt sich nur bruchstückhaft rekonstruieren. Rüdiger behauptete später, Sven habe sich die Schuhe ausgezogen, das Bad betreten, sich über die beiden rechteckigen Bodenplatten gebeugt und "verstummt". Kein Ruck. Kein Laut. Nur Stille. Dann sei er verschwunden. „Die Gliedmaßen haben ihn wohl durchflossen," sagte Rüdiger.

Der herbeigerufene Notdienst fand keine Spur von Sven. Die Rohre waren intakt, keine Aufbruchspuren, keine Kämpfe. Nur eine eigenartige Substanz in der Bodenfuge: zäh, milchig, mit einem metallischen Geruch. Das Material wurde ins Labor geschickt.

Ergebnisse: Zellstrukturen, die weder eindeutig menschlich noch tierisch waren. Strukturen, wie man sie bei Tiefseelebewesen findet, kombiniert mit einem ungewöhnlich hohen Phosphorgehalt. In der Probe fanden sich auch mikroskopisch kleine Kupferpartikel – so gleichmäßig verteilt, dass eine natürliche Ablagerung ausgeschlossen wurde.

Was noch mehr irritierte: Die Platten selbst waren keine normalen Fliesen. Es handelte sich um weißliche Felder, exakt 40 x 60 Zentimeter groß, mit einer matteren Oberfläche, die sich bei Berührung minimal zu bewegen schien. Kein Spiel im Material, sondern eine Art "Nachgeben", wie bei Haut.

Rüdiger wurde unter Beobachtung gestellt. Drei Tage lang sprachen Beamte mit ihm, ein Psychologe bewertete seinen Zustand als „auffällig ruhig, aber nicht pathologisch". Dann, in der Nacht vom 21. auf den 22. März, verschwand auch er.

Seine Wohnung war abgeschlossen. Das Bett gemacht. Die Küche sauber. Keine Kampfspuren. Auf dem Badezimmerboden: zwei sauber aufgerollte Socken, exakt zwischen den Platten. Und ein halbvolles Wasserglas auf dem Spülkasten. Das Wasser darin war leicht trüb.

Der Fall wurde zu den Akten gelegt. Verschwinden durch Eigenwillen. Keine Beweise für Fremdeinwirkung. Doch im internen Archiv der SHG (Sicherheitsbehörde für Heimgefahren) wird dieser Fall seitdem unter der Bezeichnung **Plattling-Doppelstruktur, Klasse II** geführt. Es handelt sich dabei um eine Variante, bei der zwei Rechtecke nebeneinander auftreten – Kopf und Leib eines flächigen Wesens, das mit unserer Raumstruktur auf minimale Weise verbunden ist.

Was sind diese Wesen? Die gängigste Theorie besagt: Sie stammen aus einer Dimension, in der Materie keine Tiefe besitzt. Sie sind platt, nicht aus Mangel, sondern aus Prinzip. In ihrer Welt sind unsere Körper Monstrositäten – voluminös, schwerfällig, laut. Die Plattlinge hingegen existieren durch Temperatur, durch Impulse, durch Energie, die über Kupferadern eingespeist wird. Und sie beobachten. Stumm, aber sehr wach.

Rüdiger hatte sie gespürt. In seinen einsamen Momenten, wenn er lange im Bad stand, wenn er sprach, obwohl niemand antwortete. Er hatte ihnen vielleicht mehr gegeben, als er wusste: Worte, Emotionen, eine Form von Struktur. Und das reichte.

Sein letzter Eintrag in einem zerknitterten Notizbuch, das man im Wohnzimmer fand, lautete: „Sie sind immer da. Wenn ich traurig bin, werden sie wärmer. Wenn ich Angst habe, auch. Sie hören zu. Ich glaube, sie wollen mir helfen. Oder lernen. Oder fressen."

Seit dem Rinteln-Fall wurden deutschlandweit 27 ähnliche Bodenstrukturen gemeldet. Meist in Bädern, selten in Küchen. Immer begleitet von scheinbar ziellosen Rohrsystemen aus Kupfer, die sich ins Freie strecken, ohne sichtbaren Anschluss. Offizielle Stellen sprechen von baulichen Eigenheiten. Doch unter Experten kursiert längst der Begriff **"Plattlingsanker"** – Rohre, die als metaphysische Versorgungslinien in andere Raumebenen ragen.

Ein Team aus Leipzig dokumentierte 2021 ein Bad mit vier parallelen Rechtecken. Die Bewohnerin hatte keine Beschwerden – nur gelegentliche Albträume von flachen Gesichtern. Der Boden wurde mit Infrarottechnik untersucht. Es zeigte sich: Die Platten pulsierten leicht, in einem Rhythmus von exakt 72 Impulsen pro Minute. Herzfrequenz.

Die Wissenschaft schweigt. Die Klempner schweigen.

Und die Plattlinge – sie bleiben. Vielleicht, um zu lernen. Vielleicht, um zu wählen. Vielleicht, weil sie bereits längst wissen, dass wir ihnen gehören.

Kapitel 2: Fallakte 032 – Der Keller von Essen-Holsterhausen

Es war ein schlichter Hinweis. Eine Hausverwaltung in Essen-Holsterhausen meldete "ungeklärte Geräusche" und einen Installateur, der seinen Termin nicht wahrgenommen hatte. Normalerweise wäre das eine Lappalie. Doch in der Datenbank der SHG fiel etwas auf: Die Adresse, Melatener Straße 58, war bereits 1984 in einer früheren Untersuchung aufgetaucht. Damals hatte man den Fall als erledigt abgelegt. Angeblich Rohrbruch.
Doch in einem internen Vermerk, der nie den Weg in die offizielle Dokumentation fand, stand: "Zwei weiße Flächen im Boden, nicht identifizierbar. Kupferrohre ohne Anschluss. Bewohnerin meldet Stimmen." Der Fall wurde damals von einem gewissen Lothar P., inzwischen verstorben, bearbeitet. Er notierte handschriftlich: "Kein Zugang zur Tiefe. Licht verschluckt."
Fast vierzig Jahre später meldete sich eine Mieterin anonym bei der Hausverwaltung. Sie habe sich nachts im Kellerbad gewaschen und "ein Zittern im Boden" gespürt. Außerdem wäre es dort immer deutlich wärmer als im Rest des Hauses, selbst im Winter. Sie machte Fotos.
Die Aufnahmen zeigten zwei weiße Rechtecke im gefliesten Boden. Exakt wie in Rinteln. Der Unterschied: Die Kupferrohre waren nicht an den Hauskreislauf angeschlossen. Sie verliefen durch eine Bohrung in der Wand und endeten im Erdreich hinter dem Haus. Zwei Meter tief eingegraben. Ohne jede Funktion.

Der zuständige Techniker, Jens V., wurde am 12. Mai 2022 geschickt. Er betrat das Bad um 14:35 Uhr. Er war 44 Jahre alt, ledig, ein ordentlicher Typ mit Hang zur Pedanterie. Kollegen beschrieben ihn als rational, manchmal spöttisch. Die Vorstellung, es könnte "Lebewesen im Boden" geben, hätte er wohl mit einem Lächeln abgetan.

Diesmal war man vorbereitet. Die SHG hatte auf Hinweis eines internen Informanten bereits am Vortag eine versteckte Kamera im Raum installiert, die alle 4 Sekunden Bilder machte. Das letzte zeigt Jens gebückt über den Platten. Er legt die rechte Hand auf die rechte Form. Dann, beim nächsten Bild: Leere.

Keine Bewegung. Kein Blitz. Kein Rauch. Nur: Verschwunden.

Als das Einsatzteam drei Minuten später eintraf, war der Raum leer. Kein Jens. Kein Werkzeug. Keine Spuren von Flucht oder Kampf. Die Temperatur betrug 28,6 Grad Celsius. Auf dem Boden lag ein Film aus kupferhaltiger Flüssigkeit, viskos, geruchslos.

Die Platten wurden mit Sensoren untersucht. Ergebnisse: Mikrovibrationen in Frequenzen unterhalb 0,02 Hz. Eine regelmäßige Aktivierung alle vier Stunden, stets synchron mit einem minimalen Temperaturanstieg der linken Platte. Die rechte blieb konstant. Ein interner Bericht vermutete: linke Platte = Kopf, rechte = Leib.

Die Muster der Vibrationen ähnelten biologischen Rhythmen. Nicht maschinell, nicht zufällig. Sie erinnerten an Puls, an Atem, an etwas, das horcht. Die Aktivität war stärker, wenn Menschen

im Raum waren. Besonders bei Angst oder
Unruhe.
Drei Wochen später meldete sich Gisela M. bei
der SHG. Sie war die Tochter der Mieterin von
1984. Ihr Schreiben war handschriftlich, fast zittrig.
Sie erinnerte sich an Flüsternähnliche Geräusche,
die sie als Kind oft im Flur gehört hatte, wenn sie
nachts aufstand. "Sie kamen aus den Rohren.
Immer derselbe Satz: 'Wir können auch warten.'"
Gisela war Übersetzerin geworden. Keine
übersinnliche Person. Doch als sie zwei Wochen
zuvor ihre inzwischen demente Mutter besuchte,
stand sie wieder vor der alten Badezimmertür. Es
roch nach Metall. Und sie hörte denselben Satz.
Nur leicht verändert: "Jetzt nicht mehr."
Ihre Mutter öffnete die Tür mit einem starren Blick.
"Sie sind nie weg gewesen", sagte sie. Dann
begann sie zu weinen. Gisela beschloss, die SHG
zu informieren. Nicht aus Angst, sondern aus
Pflicht.
Die SHG versiegelte das Bad. Die Kupferrohre
wurden entfernt. Ihre Enden mit Blei verplombt.
Drei Tage später zeigten sich Risse auf der linken
Platte. Haarfein, aber geometrisch. Am 1. Juni
war die Platte verschwunden. Nicht zerstört. Nicht
gebrochen.
Zurück blieb ein exakt rechteckiges Loch von 40 x
60 Zentimetern. Kein Erdreich darunter. Nur
Schwärze. Licht wurde absorbiert. Jeder Versuch,
hinein zu leuchten, blieb erfolglos. Ein Messstab
verschwand ab 17 Zentimetern Tiefe spurlos.
Die Stelle wurde einbetoniert. Doch der Beton riss.
Immer an derselben Stelle. Und als man
versuchte, den Riss zu kitten, bildeten sich neue

Linien. Nicht wahllos. Sie zogen sich spiralig über
die Wand. Erst nach Wochen erkannte ein
Mitarbeiter: Von oben betrachtet formten sie ein
Muster. Zwei Rechtecke. Kopf und Leib.
Ein interner Bericht schlug Alarm. Der Rinteln-Fall
war nicht isoliert. Die Struktur in Essen zeigte, dass
die Wesen nicht nur passiv verweilten. Sie
beobachteten. Und wenn man sie störte,
veränderten sie ihre Form. Oder ihren Ort.
Man beschloss, den Raum umzuwidmen. Kein
Bad mehr. Jetzt Lagerraum. Doch die Kamera
zeichnete weiter auf. Und immer wieder sah man:
Schatten, wo keine sein sollten. Ein Zittern in der
Luft. Und einmal, für zwei Frames: zwei Abdrücke
auf dem Boden. Wie Hände. Flach. Ohne
Volumen.
Die Aufnahmen verschwanden später aus dem
Archiv. Offiziell: Datenkorruption. Inoffiziell heißt
es, dass jemand sie gezielt löschte. Vielleicht aus
Angst. Vielleicht aus Respekt.
Bis heute gilt Fallakte 032 als aktiv. Der Zugang
zum Raum ist beschränkt. Nur wenige Mitarbeiter
dürfen hinein. Und jeder, der den Raum betritt,
muss unterschreiben: "Ich erkenne an, dass ich
mich in die Möglichkeit nichtklassischer
Phänomene begebe."
Letzter dokumentierter Satz eines Wachmanns,
niedergeschrieben am 3. November 2023 in
seinem Pausenbuch: "Ich habe heute mit ihnen
geredet. Sie antworten nicht mit Worten, aber ich
verstehe. Sie warten nicht. Sie erinnern."
Der Mann kündigte am nächsten Tag. Ohne
Begründung. Er zog in den Norden. Keiner hat ihn
seitdem gesehen.

Und unter dem Lagerraum in Essen-Holsterhausen
liegen immer noch die Reste der Wandstruktur.
Niemand traut sich, sie zu entfernen. Nicht aus
Aberglauben. Aus Erfahrung.

15

Kapitel 3: Fallakte 051 – Der Turm von Berlin-Marzahn

Berlin. Plattenbau. 18. Etage. Der Wind pfeift zwischen den Balkonbrüstungen, und der Aufzug stöhnt bei jedem Stopp. Der Bau in der Otto-Rosenberg-Straße 21 ist einer von vielen. Keiner sieht ihn an, keiner merkt ihn sich. Doch genau hier meldete sich am 5. Juli 2023 ein anonymer Hinweisgeber mit einer Nachricht:
"Ich wohne mit etwas, das kein Mensch ist. Es sieht aus wie zwei weiße Felder. Aber es atmet. Ich hab es gespürt. Ich wohne in 18.4. Bitte, kommt."
Die SHG stuft solche Hinweise gewöhnlich als psychisch auffällig ein. Doch dieser Fall wurde weitergeleitet, weil er aus dem System kam. Der Hinweis kam nämlich über eine verschlüsselte Verwaltungsleitung, die nur SHG-internen Notfallcodes vorbehalten ist. Wie der Absender an diesen Kanal gelangte, ist bis heute ungeklärt.
Die Wohnung 18.4 wurde über einen stillen Besuch kontrolliert. Zwei SHG-Mitarbeiter klingelten in ziviler Kleidung, gaben sich als Ableser aus. Der Mieter, ein Mann Mitte 30, hager, blass, mit einem seltsamen Tremor in der linken Hand, öffnete bereitwillig. Er sprach kaum. Führte sie direkt ins Bad.
Dort: zwei weiße Bodenplatten. Identisch im Maß wie bei Rinteln und Essen. Zwischen ihnen: vier Kupferrohre, die senkrecht nach oben verliefen. Direkt in die Decke. Keine Verbindung zur Wasserleitung. Keine Funktion.

Einer der Mitarbeiter, Protokollführer M. M.,
beschrieb später: "Die Luft vibrierte. Es war wie in
einem Raum mit zu vielen Gedanken. Man
konnte nicht sagen, was einen störte, aber es war
zu viel."
Der Mieter sagte einen einzigen Satz: "Wenn Sie
zu lange bleiben, merken sie sich Ihr Gesicht."
Später stellte sich heraus: Der Mieter war bereits
mehrfach auffällig gewesen. Nachbarn
berichteten, er habe nachts oft gesungen. Immer
dasselbe Lied. Ohne erkennbare Melodie, aber
rhythmisch. Und es war kalt, sagten sie, eiskalt im
Bad, selbst im Hochsommer. Die Heizung stand
nie an. Doch wenn man durch die offene Tür
ging, spürte man einen kurzen Luftzug. Kein Wind.
Eher wie ein Sog.
Eine Nachbarin, Frau Ute D., 71 Jahre alt,
berichtete später, sie hätte einmal gegen 2 Uhr
morgens Stimmen aus dem Bad gehört. Nicht
laut, aber viele. "Als wären da Kinder gewesen,
die flüstern und lachen. Aber nicht fröhlich.
Sondern... wie wenn sie dich nicht meinen, aber
trotzdem alles über dich wissen."
Am 7. Juli wurde die Wohnung behördlich
geräumt. Der Mieter war verschwunden. In der
Dusche stand ein Glas. Darin: Wasser mit leichten
Kupferfasern. Auf dem Badewannenrand: ein
eingeritzter Satz. "Ich hab getauscht."
Was er meinte, blieb unklar. Die Wohnung wurde
untersucht. Die Kupferrohre wurden bis in die
Decke verfolgt. Sie führten weiter – nicht in die
Wohnung darüber, sondern durch eine isolierte
Kammer im Betonkern. Eine SHG-Sonde fand dort
vier weitere Rohrenden, die in einer Art

Zwischenraum verliefen. Kein Zutritt möglich. Kein Plan verzeichnet diesen Raum.

Der Zwischenraum war nicht beleuchtet. Als man mit einer Lichtsonde hineinleuchtete, geschah nichts. Licht wurde geschluckt. Es kam nicht zurück. Auch Ultraschall gab kein Echo. Dafür ein anderes Signal: ein Summen, das alle elf Sekunden anschwoll, dann abrupt verstummte. Die Mitarbeiter vor Ort beschrieben das Summen als "unangenehm vertraut". Als hätte man es schon einmal gehört, aber vergessen.

In einem Versuch wurde ein Mikrofon in die Röhre eingeführt. Auf der Aufnahme war nichts als weißer Rauschteppich. Doch eine genauere Analyse zeigte: Innerhalb des Rauschens lagen Impulse. Fünf exakt gleich lange Intervalle, dann Stille. Und dann: ein einzelner Ton, tieffrequent, lang gezogen. Wie ein Atemzug durch Metall.

Die Platten in der Wohnung zeigten wie gewohnt Reaktionen auf Temperatur. Doch diesmal gab es einen neuen Wert: über Nacht änderten sich ihre Lichtreflexionen. Sie spiegelten nicht mehr, sondern absorbierten. Wer mit bloßem Auge hinsah, sah nur weiß. Wer durch eine Infrarotkamera blickte, erkannte Strukturen. Bewegte. Schattierungen. Formen.

In einer Aufnahme von 3:41 Uhr morgens zeichnete sich ein Gesicht ab. Flach, langgezogen. Kein Mund. Nur zwei schräge Vertiefungen. Dann: Bewegung. Das Gesicht verschwand.

In einem weiteren Versuch wurde eine Wärmesonde auf die rechte Platte gelegt. Nach 14 Sekunden begann die Temperatur im Raum zu

sinken. Die Platte jedoch erwärmte sich weiter.
Auf exakt 36,6 Grad. Die Temperatur eines
menschlichen Körpers.
Ein Versuch mit akustischer Resonanzmessung
ergab: Die weiße Fläche reagierte auf
menschliche Sprache. Nicht auf Inhalt. Auf
Stimmlage. Je ruhiger der Ton, desto stärker die
Resonanz im Material. Bei einem Schrei jedoch
entstand ein Haarriss an der unteren rechten
Ecke.
Am 15. Juli wurde ein SHG-Wissenschaftler
beauftragt, eine Nacht in der Wohnung zu
verbringen. Er dokumentierte akribisch. Laut
Protokoll vernahm er zwischen 2:57 und 3:12 Uhr
"eine zunehmende Stille". Dann: ein Riss im
Zeitgefühl. Er beschrieb, wie Sekunden sich
dehnten. Gedanken wurden langsamer. Die
Wand begann, leicht zu pulsieren. Seine letzte
Notiz lautete: "Ich bin zu laut."
Er wurde am nächsten Morgen schlafend auf
dem Boden gefunden. Kein Puls. Keine Atmung.
Doch seine Haut war warm. Und er atmete
wieder, als man ihn aus dem Raum brachte.
Seitdem gilt Fallakte 051 als kritisch. Die Wohnung
wurde umgewidmet, als Technikraum deklariert.
Zutritt nur mit Zwei-Schlüssel-System. In den
Monaten danach meldeten sich weitere
Bewohner mit Albträumen, Erstickungsgefühlen,
gelegentlichem Nasenbluten. Immer nach 3:00
Uhr nachts.
Im Treppenhaus begannen sich Risse zu bilden.
Nicht statisch. Organisch. Sie folgen Kurven, die
sich nur unter UV-Licht zeigen. Einige SHG-
Techniker beschreiben das Muster als

"symmetrisch wuchernd". Eine Wachstumsform.
Oder eine Karte.
Eine Theorie besagt: In Marzahn war nicht nur ein
Plattling aktiv. Sondern ein Paar. Möglicherweise
sogar ein embryonaler Zustand. Die Kupferrohre
als Nabel, die Rechtecke als Bewusstseinskerne.
Ein Wesen, das lernt, tastet, erinnert.
Und das gelegentlich jemanden braucht, der es
mit dem Raum tauscht.
Letzter Satz aus dem internen Protokoll des
Einsatzleiters, bevor die Akte gesperrt wurde:
"Es lebt. Und es erinnert sich an uns."

Kapitel 4: Fallakte 072 – Der Hof bei Oberammergau

Der Ort liegt abgelegen. Kein Funkmast, kaum Tourismus. Vier Kilometer östlich von Oberammergau windet sich ein Forstweg in ein Tal, das auf den Karten der Wasserwirtschaftsämter noch als „Feuchtbruchzone mit unbekannter Drainagequelle" geführt wird. Dort steht ein Hof. Grau, schiefergedeckt, mit Schindeln aus einer Zeit, in der man Dächer noch nicht berechnete, sondern fühlte. Er wird seit Generationen von derselben Familie bewirtschaftet – oder besser gesagt: gehalten.
Denn was dort geschieht, hat mit Landwirtschaft nur am Rande zu tun.
Der Hof selbst liegt wie hineingesenkt ins Gelände, von drei Seiten von Bäumen umgeben. Im Süden zieht sich ein Moorstreifen entlang, den die älteren Dorfbewohner schlicht „das Flache" nennen. In einer Gemeindekarte von 1871 ist an exakt dieser Stelle vermerkt: *„Nässeland, ungeeignet zur Parzellierung. Kupferadern vermutet."* Das Kupfer wurde nie gefunden. Aber Leitungen gab es trotzdem.
Im Mai 2021 meldete der Sohn des Altbauern, ein gewisser Lorenz W., dass „sich im Boden was geändert" habe. Die Meldung wurde nicht weitergeleitet – bis ein SHG-Mitarbeiter durch Zufall auf eine Luftaufnahme stieß, die bei einer Windkraftplanung gemacht worden war. Auf dem Bild: ein langgezogener Schatten unterhalb

eines Schuppens. Doch der Schatten fiel gegen das Licht.

Man sandte ein zweiköpfiges Team. Es fand eine Struktur vor, wie sie bislang nur aus städtischen Räumen bekannt war: Zwei nebeneinander liegende, cremeweiße Platten, eingelassen in den Lehmboden des Hofbades. Der Raum roch nach Eisen und Wacholder. Vier Kupferrohre führten vom Fundament aus direkt in die rechte Platte, eines von oben in die linke.

Die Platten waren über Generationen hinweg von den Familienmitgliedern nie beachtet worden. Sie galten als „wärmende Stellen". Man setzte sich darauf, wenn die Gelenke schmerzten. Die Urgroßmutter von Lorenz soll darauf ihre Kinder geboren haben. Der alte Vater, inzwischen stumm und fast blind, klopfte sie täglich mit einem Lappen ab. Niemand wusste warum. Ein Kindheitsbild von Lorenz zeigt ihn nackt auf der linken Platte, während es schneite. Die Familie lachte damals. Jetzt nicht mehr.

Als die SHG ein Wärmebild anfertigte, zeigte sich: Die Platten hatten nicht nur Temperatur – sie hatten Puls. 43,2 Impulse pro Minute. Nicht durchgehend, sondern nur, wenn jemand im Raum war. Ein Infraschallmessgerät zeigte zudem periodische Frequenzen, exakt alle 61 Sekunden, immer dann, wenn jemand sich bewegte.

Ein Langzeitversuch über vier Nächte brachte verstörende Ergebnisse: Die Kupferrohre summten im Takt mit dem Herzschlag des Beobachters. Bei Angst stieg die Frequenz. Bei Schlaflosigkeit trat Nebel auf. Ein feiner, durchsichtig-grauer Schleier, der sich nur in den frühen Morgenstunden zeigte.

Immer im Bereich der linken Platte. Eine Kamera zeichnete in einer Nacht das Gesicht eines Pferdes auf – dort, wo keines war. Es war kein lebendiges Pferd. Es war… eine Nachbildung? Oder Erinnerung?

Ein zweiter Versuch mit Lichtprojektion über Laser zeigte, dass die linke Platte ein eigenständiges Reflektionsmuster entwickelte – abhängig vom Raumverhalten. Bewegte sich eine Person zu schnell, zog sich das Muster zurück. Blieb jemand still, dehnte es sich aus.

Lorenz W. wurde unter Beobachtung gestellt, nachdem er sich eines Morgens im Stall mit blutigen Füßen auffand. Seine Worte: „Ich war zu tief drin." Niemand verstand, was das bedeutete. Doch auf der linken Platte fand man eine rötliche Fußspur. Keine Abdrücke davor, keine danach. Seine Schuhe standen ordentlich im Flur. Seine Fußsohlen waren zerschunden – wie von Glas. Oder von Hitze.

Die SHG begann, die Geschichte des Hofes zu untersuchen. Im Nachlass der Familie fand sich ein Tagebuch aus dem Jahr 1923. Der damalige Besitzer schrieb: „*Die Platten sind wieder unruhig. Der Bub ist nachts aufgewacht, er hat die Stimmen gehört. Ich habe sie auch gehört. Sie fordern. Aber wir haben nichts mehr.*" Der Satz war durchgestrichen. Daneben ein Symbol: Zwei übereinanderliegende Rechtecke, verbunden mit einem schrägen Kreuz.

Ein Tonbandgerät, das 72 Stunden aufnahm, zeichnete nur Rauschen auf – bis auf ein Intervall von exakt sieben Sekunden. Eine leise Stimme,

flach, kaum als menschlich erkennbar, sagte nur:
„Tiefer." Immer wieder. Insgesamt 131 Mal.
Der Fall eskalierte, als der Altbauer starb. Der Tod
war ungewöhnlich. Kein Herzstillstand, kein
Schlaganfall. Alle Organe funktionierten. Nur das
Gehirn war – leer. Nicht physisch beschädigt,
aber funktional tot. Die Ärzte sagten: „Es war, als
ob man die Gedanken abgesaugt hätte." Eine
PET-Untersuchung zeigte keinerlei neuronale
Aktivität – aber in der Hirnflüssigkeit fand sich
Kupfer. Gelöst. Feinstverteilt. Wie injiziert.
Nach der Einäscherung bildete sich über der
rechten Platte ein dünner Rußfilm. Er legte sich
kreisförmig über das Material, ohne Spuren auf
dem restlichen Boden zu hinterlassen. Eine
Woche später war er verschwunden. Auf einem
der Fotos erkennt man im Ruß einen Abdruck –
eine Art Hand. Aber nicht menschlich. Sie hatte
sechs Finger. Und keine Knöchel.
Die SHG ließ eine temporäre Sperrzone einrichten.
Ein Team blieb über drei Wochen vor Ort. In
dieser Zeit kam es zu elektrischen Störungen in der
Region – Geräte versagten, Handys entluden sich
über Nacht, Uhren gingen falsch. Nur auf dem
Hof selbst: keine Störung. Alles lief präzise. Die
Platten pulsierten regelmäßig. In einer Nacht
leuchtete der Raum schwach – von innen heraus.
Ohne Lichtquelle.
Der Hof wurde schließlich abgeriegelt. Das Bad
versiegelt. Doch Einheimische berichten noch
immer von Lichtschein in den Fenstern. Und von
einem Geräusch – wie wenn jemand in einer
alten Emaillewanne liegt und langsam die Finger
gegen den Rand tippt. Ein alter Förster sagte:

„Solche Sachen kommen nicht von hier. Aber sie suchen Orte wie diesen. Alt. Einsam. Und vergessen.“

In einem späteren SHG-Bericht wird der Hof als „energetisch günstig gelegen“ eingestuft. Die Leitungslinien (vermutlich gemeint sind geomagnetische Strömungen) kreuzen sich exakt unter dem Bad. Eine Theorie besagt: Die Plattlinge brauchen diese Orte, um ihre Form zu halten. Um sich nicht zu verlieren.

Ein interner Vermerk eines SHG-Veteranen fasst es zusammen: *„In der Stadt beobachten sie. Auf dem Land: dort leben sie.“*

Letzte verzeichnete Aktivität stammt vom 3. Januar 2024. Ein Sensor im Fundament schlug um 3:13 Uhr an. Dreifache Impulsfolge. Keine Erschütterung. Keine Störung. Nur das Kupfer schien zu „zittern“. Das Datenprotokoll endet mit einer kryptischen Notiz: *„Sie kennen jetzt unseren Namen.“*

Kapitel 5: Fallakte 121 – Das Hallenbad von Bad Zwischenahn

Es war nicht das Becken. Nicht die Wasserqualität, die Temperatur oder das ungepflegte Silikon in den Fugen. Es war die Halle selbst. Schon beim Betreten des Bades spürte man ein Drücken auf der Brust, als würde der Raum nicht nur Luft enthalten, sondern Erwartung. Kinder schrien dort anders. Kürzer. Abgehackter. Als würde jemand im Hintergrund ihre Frequenzen dämpfen.

Das Hallenbad von Bad Zwischenahn wurde 1973 erbaut, als Teil eines sozialkulturellen Ausbauprogramms für niedersächsische Kurorte. Der Bau war schlicht, quadratisch, mit Sichtbeton, schmalen Fenstern und einem auffälligen Technikturm, der wie ein zu kurz geratener Schornstein neben dem Flachdach stand. Niemand konnte genau sagen, wozu der Turm diente. Offiziell war er für "Frischluftzufuhr und thermische Zirkulation" gedacht. Doch das erklärte nicht, warum nachts ein leises Gluckern aus ihm zu hören war.

Eine erste Meldung kam 1992. Ein Bademeister berichtete, dass beim Ablassen des Wassers am Saisonende nicht nur "dunkle Partikel" übrig blieben, sondern gelegentlich auch Druckveränderungen im Beckenboden auftraten. Einmal sackte eine Ecke des Nichtschwimmerbereichs um sieben Zentimeter ab – innerhalb von drei Stunden. Als man nachschaute, fand man darunter eine Hohlkammer. Sie war leer, feucht und mit drei

Aluminiumrohren ausgekleidet, die sich senkrecht nach unten zogen. Niemand wusste, wo sie endeten.

Ein Gutachten wurde eingeholt. Ergebnis: "Stabilität ausreichend. Ursache unklar."

Die Akte verschwand. Bis 2008.

In jenem Jahr begann man, das Bad zu renovieren. Neue Fliesen, neue Technik, neue Lampen. Und dabei stieß man auf die Körper. Nicht menschlich. Auch nicht tierisch. Flach, rechteckig, blassgrau, etwa so groß wie ein Kinderbett. Zwei nebeneinander. Jeweils mit drei Rohranschlüssen: zwei seitlich, einer vertikal. Die Arbeiter hielten sie für ein altes Entfeuchtungssystem. Einer versuchte, einen der "Körper" mit einem Gabelstapler anzuheben. Als sich die Gabel unter das Material schob, vibrierte der Boden.

Die Halle wurde sofort geräumt. Ein Mann erlitt einen epileptischen Anfall. Drei weitere klagten über plötzliche Zahnlockerung. Ein vierter hatte eine Wunde am Handrücken, die sich in einer perfekten Spirale öffnete, ohne Blut.

Die SHG kam vier Tage später. Sie dokumentierte die Körper, legte ein Messraster über den Raum, brachte Detektoren an. Und sie bemerkte: Diese Wesen, falls es Wesen waren, lagen nicht *in* der Halle. Sie bildeten die Halle. Alles war auf sie ausgerichtet. Das Becken, die Beleuchtung, die Lautsprecher, sogar der Zugang zur Dusche verlief geometrisch exakt entlang einer Mittelachse, die durch die beiden Körper verlief. Ein Techniker stellte fest: Die Rohre waren nicht angeschlossen. Und trotzdem zogen sie. Luft,

Hitze, Stimmen? Man wusste es nicht. Ein Kühlnebel trat aus einem, als jemand versehentlich seine Tasche zu nah daran stellte. Der Nebel roch nach Metall und Kindheit.
Eine Kamera zeigte, dass in gewissen Momenten der Tagesspiegel der Halle fluktuierte. Die Fliesen reflektierten nicht den Ist-Zustand, sondern eine andere Version: andere Menschen, andere Farben, andere Deckenstruktur. Immer nur für Sekundenbruchteile. Ein Hallenbad wie aus einem Parallelentwurf.
Als man einen alten Bauplan aus 1972 untersuchte, fiel auf, dass die Halle ursprünglich als Lagerhalle konzipiert war. Der Planer, ein gewisser Rolf H., wurde nie befragt. Er starb 1981 bei einem Unfall in der Türkei. Interessanter war sein privates Skizzenbuch: Es zeigte auf mehreren Seiten immer wieder zwei Rechtecke mit kreisförmigen Einschlüssen. Darunter stand einmal in roter Tinte: "Sie wollten Wasser. *Wir gaben ihnen Höhe.*"
Seit 2010 ist das Bad geschlossen. Offiziell wegen Legionellen. Doch das Becken wurde nie abgetragen. Es steht noch immer. Und manchmal, wenn es regnet und der Wind vom Westen kommt, riecht es auf dem Parkplatz metallisch. Einem Mitarbeiter der SHG passierte im August 2013 etwas Sonderbares: Er ging in das Bad, um eine Nachuntersuchung durchzuführen. Kamera, Notizblock, Maske. Als er drei Stunden später zurückkehren sollte, war er verschwunden. Nur der Notizblock blieb. Aufgeschlagen auf Seite 3. Der letzte Eintrag: "*Ich glaube, sie atmen wieder.*"

Ein Jahr später wurde bei Erdarbeiten ein zweiter Technikturm gefunden. Vollständig unterirdisch, in den Plänen nicht verzeichnet. Er führte zu einem Raum, in dem sechs parallele Rohre verliefen. Kein Zugang, kein Licht, nur ein leises Summen. Das Material der Rohre war unbekannt. Es zeigte keine Alterung. Keine Korrosion. Und bei Berührung vibrierte es in exakt 72 Hertz. Eine Zahl, die auch in anderen Akten auftauchte. Immer dort, wo „strukturell fremde Anlagen" beschrieben wurden.

Eine Theorie besagt: Die Plattlinge in Bad Zwischenahn waren ursprünglich nicht hier. Sie wurden eingemessen. Von jemandem oder etwas, das wusste, wie man Orte bricht. Orte, an denen die Realität schwächer ist. Wo Dinge durchdringen können, wenn man ihnen nur genug Form bietet.

Das Becken selbst – eine Art Zunge? Die Halle ein Gaumen? Die Rohre: arterielle Versorgungsadern für das, was darunter liegt? Ein SHG-Bericht spricht davon, dass die zwei Körper im Bad nicht ruhen. Sie „lauschen". Immer dann, wenn jemand spricht, der keine Absicht hat. Kinder sind deshalb besonders anfällig. In zwei Fällen berichteten Mütter, ihre Kinder hätten im Becken zu lachen begonnen – aber das Wasser sei still gewesen. Kein Tropfen habe sich bewegt.

Im Jahr 2019 wurde ein letzter Versuch unternommen, das Bad zu sprengen. Doch die Sprengladung zündete nicht. Alle Zündschnüre verbrannten – ohne Wirkung. Die Halle blieb stehen. Nur die Fenster rissen aus ihren Halterungen. Und im Nebel, der sich daraufhin bildete, hörte man aus mehreren Richtungen eine Stimme sagen: *„Nicht jetzt. Noch nicht."* Seither ist das Hallenbad von Bad Zwischenahn ein Sperrgebiet. Keine offizielle Markierung. Nur ein verwittertes Schild: *„Bauarbeiten bis auf Weiteres."* Dahinter Stille. Und unter der Erde: eine Struktur, die nicht vergessen hat, dass sie einst berührt wurde.

Kapitel 6: Fallakte 188 – Der Plattenwald bei Künzelsau

Es war keine Badestelle. Kein Becken, kein Haus. Und doch fanden sie sie dort: zwei Platten, nebeneinander, leicht versetzt, unter einer Lichtung im Plattenwald bei Künzelsau. Der Wald war bekannt für seine monoton gepflanzten Fichtenreihen und den alljährlichen Pilzmarkt. Aber das, was dort lag, hatte niemand je gesucht. Niemand je beschrieben. Und niemand je verstanden.
Ein Jogger war gestolpert, hatte sich das Bein gebrochen und war stundenlang liegen geblieben. Erst als eine Wandergruppe vorbeikam, konnte er geborgen werden. Er sprach von einer "Fläche, die nicht rutscht". Von "zwei kalten Steinen, die warm waren". Und von einer Stimme, die sagte: "Bleib liegen. Wir ordnen dich neu."
Die Einsatzkräfte fanden die Platten bei Sonnenuntergang. Rechteckig, hell, mit einer Art grüngrauer Maserung, die sich veränderte, wenn man die Augen zusammenkniff. Keine Einfassung, keine technischen Anschlüsse. Aber darunter: Rohre. Wieder Kupfer. Wieder diese besondere Isolierung, die weder chemisch noch physikalisch klassifizierbar war.
Die SHG erschien zwei Tage später. Mit großem Besteck. Drohnen, Mikrospektrometer, Versorgungsanhänger. Sie sicherten das Gebiet weiträumig ab, was in der Region für Aufsehen sorgte. Offiziell hieß es: "Militärische Bodenanalyse

im Rahmen der Altlastenerhebung." Doch das Militär war nie da.

Der Bericht der SHG beschreibt das Areal als "energetisch punktuell asymmetrisch". Die Luft war messbar kälter, wenn man auf die Platten sah. Aber nur dann. Sobald man sich abwandte, war die Temperatur normal. Ein Versuch mit Infrarotbrille zeigte, dass die Platten nicht einfach leuchteten – sie pulsierten. Im Takt mit den Herzschlägen der Anwesenden. Doch nicht individuell. Alle Herzschläge synchronisierten sich nach etwa zwanzig Minuten. Puls 39. Flach. Gleichmäßig. Und beunruhigend.

Ein SHG-Biologe erlitt in dieser Phase einen Zusammenbruch. Er sagte später, er habe "plötzlich alles verstanden". Man solle die Platten nicht stören. Sie seien alt. Sehr alt. Und sie "erinnern sich". Danach schwieg er. Für Wochen. Sein Bart wuchs, seine Haare wurden grau. Er musste in eine Klinik gebracht werden. Im Protokoll steht: *"Zustand stabil, aber emotional verändert."

In den folgenden Tagen entdeckte man unter dem Waldboden ein Netzwerk aus weiteren Kupferadern. Nicht tief. Vielleicht einen halben Meter unter der Erde. Sie bildeten ein Muster, das aus der Luft wie ein altes Schriftzeichen aussah. Oder wie ein Lageplan. Eine Kreuzung in der Mitte, vier Verzweigungen nach außen. Immer auf Lichtungen gerichtet. Als wollte man etwas ausrichten. Oder anpeilen.

Die Theorie der Ausrichtung wurde durch einen Zufall bestätigt: Eine der Drohnen flog aus Versehen in einen zugewucherten Graben am

Waldrand. Sie blieb fünf Minuten offline, sendete
dann ein letztes Bild – und explodierte. Das Bild
zeigte einen Baum. Keine Besonderheit. Außer:
Der Baum hatte keine Rinde. Und auf seinem
Stamm waren die Umrisse von zwei Händen zu
sehen. Als wären sie hineingebrannt. Sechs
Finger. Kein Daumen.
Die Platten selbst verhielten sich zunehmend
aktiv. In der dritten Nacht beobachtete ein SHG-
Techniker, wie sich feiner Nebel bildete, der sich
um sie legte. Der Nebel wurde von unten
gespeist. Aus den Ritzen zwischen Platte und
Erde. Er war kalt, aber elektrisierend. Wer
hineingriff, verspürte ein Kribbeln im Zungenbein.
Ein Tierkadaver – ein Reh, das in der Nähe
verendete – wurde näher an die Platten
geschoben. Drei Tage lang passierte nichts. Dann
war es verschwunden. Keine Spuren. Nur ein
kreisrunder Fleck auf dem Boden, in dem kein
Moos mehr wuchs.
Der Wald wurde abgeriegelt. Doch drei Wochen
nach Beginn der Untersuchungen fand ein
Spaziergänger die Stelle – und setzte sich auf eine
der Platten. Er verschwand für drei Stunden. Als
man ihn fand, war er nackt. Und weinte. Nicht vor
Angst. Sondern aus Einsicht. Er sagte: "Sie sind
nicht von hier. Aber auch nicht fremd. Sie waren
lange weg. Aber nicht weg."
Sein Herzschlag blieb auf 39. Drei Tage lang.
Dann stieg er wieder.
Seitdem nennt man die Lichtung intern nur noch
"das Gedächtnisfeld". Und niemand geht mehr
ohne Schutz hinein. Ein Helm, ein Sprachfilter, ein
Beruhigungsmittel. Denn was dort liegt, sind keine

Artefakte. Es sind keine Maschinen. Es sind Plattlinge. Und sie beobachten. Nicht, weil sie müssen. Sondern weil sie dürfen.

Kapitel 7: Fallakte 205 – Die Kachelschatten von Biberach

Die Plattlinge sind keine Wesen, die sich bewegen. Doch sie hinterlassen Bewegung. Spuren. Formen. Erinnerung im Material. Und an kaum einem Ort wurde das so deutlich wie in der alten Duschhalle von Biberach.
Das Gebäude war ursprünglich eine Militärbaracke aus dem Jahr 1941, umgebaut 1959 zur Schulsporthalle, erweitert 1975 um eine Duschzone im Keller. Die Kacheln dort unten waren einfach: weiß, quadratisch, 15x15, mit breiten Fugen. Doch sie hatten ein Eigenleben. Wer sie betrat, berichtete von "Bildern beim Blinzeln", von "Geräuschen ohne Ursprung" und einem Flackern, das nichts mit Licht zu tun hatte. 2011 wurde die Halle geschlossen. Offiziell wegen Schimmelbefall. Doch die Berichte der Hausmeister erzählten eine andere Geschichte. Einer hatte nachts Schritte gehört, als niemand da war. Ein anderer sprach von Schatten, die nicht mit den eigenen Bewegungen übereinstimmten. Eine Reinigungskraft meldete, dass ein Duschkopf plötzlich Wasser spuckte – obwohl die Leitung seit Wochen stillgelegt war. Der entscheidende Hinweis kam 2014, als ein Fotograf die Halle heimlich betrat. Er wollte die morbide Ästhetik einfangen. Doch was er einfing, war mehr als das: Auf einem seiner Fotos erschien auf den Kacheln ein Gesicht. Symmetrisch. Still. Kein Graffito, kein Lichtspiel. Und es verschwand nie wieder. Wer das Foto anschaut, sieht es. Immer. Es lässt sich nicht unsehen.

Die SHG wurde eingeschaltet. Sie ließ die Halle unterirdisch scannen und entdeckte zwei massive Rechtecke unter dem Duschbereich. Zwei Meter lang, 40 Zentimeter hoch. Wieder mit Anschlussrohren. Diesmal allerdings diagonal versetzt. Eine Konfiguration, die in keiner der bisherigen Fallakten vorkam.

Was folgte, war ein Experiment: Die Halle wurde abgedichtet. Nur eine Kamera blieb zur Beobachtung zurück. 72 Stunden lang nichts. Dann, in der Nacht vom dritten auf den vierten Tag, flackerten alle Duschlampen auf – obwohl der Strom unterbrochen war. Die Kamera zeichnete auf: Schatten bewegten sich über die Wände. Sie hatten keine Quelle. Sie bewegten sich rhythmisch. Fast tanzend. Und sie formten Zeichen. Alte Zeichen.

Ein Semiotiker der SHG erkannte das Muster. Es entsprach einer Kombination aus ugaritischer Keilschrift und einem Diagramm aus dem Nachlass von John Dee. „Sie lesen uns", sagte er. „Oder sie erinnern uns."

Doch wozu?

Zwei Wochen später fiel ein Kälteeinbruch über die Region. Der Strom fiel aus. Und als man das Gebäude notstromversorgte, war das Wasser in den Duschleitungen kochend heiß. Ohne Ursache. Die Rohre schienen – laut einem Techniker – von "außen beheizt" zu werden. Von was? Niemand wusste es.

Die beiden Platten unter der Dusche veränderten ihre Temperatur im 17-Minuten-Takt. Jeweils synchron mit dem Druck in den alten Fliesen. Es war, als würden sie atmen. Nicht Sauerstoff,

sondern Aufmerksamkeit. Immer wenn jemand sie betrat, veränderte sich das Muster der Kachelfugen. Man konnte es messen, nicht sehen. Ein Raster, das sich verschob, wie ein Organismus, der neue Nervenbahnen anlegt. Ein Physiker stellte die Theorie auf, dass die Plattlinge nicht nur existieren, sondern interagieren. Nicht mit dem Hier, sondern mit dem Danach. Sie speichern, was geschieht – aber nicht linear. Sondern rückwärts. Ihr Gedächtnis ist ein Echo der Zukunft.
Im August 2016 verschwand ein Kind. Es hatte im Duschbereich gespielt. Minuten später war es weg. Die Kamera zeigte: einen Lichtblitz. Dann ein Wackeln. Dann nichts. Nur noch Kacheln. Eine Woche später tauchte das Kind wieder auf. In einem Nachbarort. Nackt, aber unversehrt. Es sprach nicht. Malte jedoch fortan – über Jahre hinweg – immer wieder dieselben zwei Rechtecke. Mit Schatten darin. Und Rohren.
Die Plattlinge von Biberach sind keine Körper. Sie sind kein Raum. Sie sind keine Technik. Sie sind Erinnerung selbst. In ihrer reinsten, grausamsten Form. Und jeder, der sie berührt, wird Teil ihres Archivs. Ob er will oder nicht.
Seit 2019 ist die Halle versiegelt. Die Kacheln wurden entfernt, doch das Raster blieb. Man erkennt es mit spezieller Fotografie. Ein leichter Glanz, der sich über die Reste legt. Und nachts, wenn der Wind richtig steht, glaubt man, das Echo einer Dusche zu hören.
Oder ein leises Lachen.
Vielleicht beides.

Kapitel 8: Fallakte 267 – Der Wasserdom von Wittenberge

Es war nicht das Wasser, das zählte. Es war der Druck.
Die Kleinstadt Wittenberge hatte nie mehr als vierzigtausend Einwohner. Und doch wurde dort 1983 ein Wasserkomplex gebaut, der eher nach Hauptstadt als nach Provinz roch: zwei große Becken, ein eigener Heizkessel, verchromte Steuertechnik, eine Kuppelhalle mit Lichtreglern, die den Tagesverlauf simulierten. Der sogenannte „Wasserdom" war ein Prestigeprojekt der DDR. Offiziell als sozialistische Körperbildungsstätte. Inoffiziell als Testgelände.
Der Verdacht fiel zuerst auf die Kuppel. Sie war nicht aus Glas, sondern aus einem halbtransparenten Polymer, das nie in den DDR-Baunormen auftauchte. Weder in Katalogen noch in den Akten. Und es vibrierte. Ganz leicht. Im Sekundentakt. Eine Bewegung, die nicht von außen kam.
Ein Ingenieur, der 1991 nach der Wende dort Reparaturen durchführte, berichtete, dass die Rohre unter dem Beckenboden nicht symmetrisch verliefen. Es war ein System aus Kreisen und Radiallinien – wie bei einem Auge. Oder einem Zielgerät. Das Zentrum war ein rechteckiger Betonblock von 2,20 mal 2,20 Metern, exakt in der Mitte des Hauptbeckens eingelassen. Mit drei Anschlussöffnungen: zwei seitlich, eine vertikal.
„Ein Plattling", sagte ein Mitglied der SHG später. „Aber ein dominanter. Ein Knotenwesen."

Man stellte bald fest: Die Luft im Wasserdom war elektrisch aufgeladen. Nicht statisch, sondern bewusst. Einige Messwerte zeigten, dass die Ionisation stieg, wenn niemand sprach. Eine Umkehrung des Erwartbaren. Es war, als hörte der Raum zu. Und als mochte er das Schweigen.

2010 wurde ein umfassender Umbau geplant. Die SHG intervenierte. Zu viele Berichte. Zu viele Muster. Die Kinder, die dort schwammen, hatten regelmäßig die gleichen Träume: von einem blauen Licht, das sie aus dem Wasser hob. Von langen, silbernen Röhren, die unter ihnen pulsieren. Von einer Stimme, die ihnen Zahlen zuflüsterte – immer dieselbe Sequenz: 4 – 9 – 4 – 9 – 2 – 7.

Man verglich das mit anderen Akten. Dieselben Zahlen erschienen im Kontext einer Anlage in Dessau. Auch dort: Plattling-Strukturen. Auch dort: Wasser, Beton, Rohre.

Der entscheidende Vorfall ereignete sich am 12. Oktober 2014. Zwei Schwimmer verschwanden. Einfach so. Während eines öffentlichen Badetages. Kameraaufzeichnungen zeigten, wie die Oberfläche des Beckens für eine Sekunde erstarrte – kein Lichtreflex, keine Welle – und dann war das Wasser plötzlich leer. Ihre Badekappen trieben noch, aber sonst: nichts. Keine Luftblasen. Keine Bewegung. Kein Schrei.

72 Stunden später meldete sich einer der Männer. Per Anruf. Aus einem Ort in der Nähe von Toulouse. Er war verwirrt, konnte sich nicht erinnern, wie er dort hinkam. Aber er sagte einen Satz, der in die SHG-Geschichte einging:

„Ich war bei ihm. Er ist so flach. Aber er sieht uns alle."

Der andere Schwimmer blieb verschwunden.

Im Jahr 2016 wurde der Wasserdom unterirdisch vermessen. Man entdeckte unter dem Hauptbecken eine dreieckige Kammer. Keine Tür, kein Zugang. Nur eine eingelassene Plattform. Auf ihr: Sechs Rohre, drei davon tot, drei aktiv. Sie schimmerten in einem matten Blau, das sich fotografisch nicht einfangen ließ. Immer, wenn man ein Bild machte, zeigte es nur Grau.

Ein Audiotechniker stellte durch Zufall fest, dass die Halle im leeren Zustand ein Frequenzmuster erzeugte. Ein durchgehendes Signal bei 7,1 Hertz – exakt in der Mitte des Thetawellenbereichs. Der Bereich des Dösens, des Träumens. Und in diesem Zustand, so zeigte sich, reagierte der Plattling.

Ein Versuch: Ein Mann legte sich nachts, allein, in das Hauptbecken. Das Wasser war ruhig. Er dachte an nichts. Schlief nicht, wachte nicht. Und dann – erzählte er später – war da ein zweites Becken. Unten. Unter ihm. Mit derselben Form. Derselben Kuppel. Aber alles war grau. Und in diesem grauen Becken lag etwas. Rechteckig. Blass. Und es hatte Augen. Flache, breite, wie Teichlinsen. Sie sahen nicht nach oben. Sie sahen nach innen.

Der Mann wurde krank. Nicht körperlich. Etwas an seinem Gedächtnis zersprang. Er erinnerte sich an Worte, die niemand gesagt hatte. An Räume, die es nie gab. Seine Tochter fand ihn drei Monate später tot in der Badewanne. Das Wasser war eiskalt. Und an der Wand: ein in Seife gemalter Block mit drei Rohren.

Seit 2020 steht der Wasserdom leer. Er wurde nie abgerissen. Das Becken ist noch da. Die Kuppel schimmert. Und einmal im Monat, immer um exakt 04:27 Uhr, leuchten die Anzeigen an der Haupttafel auf. Obwohl kein Strom fließt. Und zeigen: 4 – 9 – 4 – 9 – 2 – 7.
Die Plattlinge in Wittenberge sind anders. Sie sind nicht passiv. Sie sind nicht Beobachter. Sie sind Empfänger. Und Sender. Sie verbinden Orte, Menschen, Zeiten. Und sie verlangen nichts – außer, dass man vergisst, was man wusste.
Ein Mann der SHG formulierte es so:
„Der Plattling im Wasserdom ist kein Wesen. Er ist ein Gebet. Flach wie eine Bitte. Und tief wie Schuld."

Kapitel 9: Fallakte 312 – Das Großschwimmbad von Bruchsal

Bruchsal war eine jener Städte, die selten auffielen. Die Häuser zu ordentlich, die Parks zu leer, die Bevölkerung zu vergesslich. Aber das Großschwimmbad am Stadtrand war eine Ausnahme. Nicht wegen seiner Größe oder Architektur, sondern wegen der Art, wie das Wasser sich verhielt.
Es klatschte nie. Es tropfte nicht. Selbst Kinder, die hinein sprangen, verursachten keinen echten Lärm. Es war, als habe das Wasser dort eine eigene Absicht. Eine, die nicht auf Wirbel oder Wellengang ausgelegt war, sondern auf etwas Tieferes. Etwas Glattes. Etwas Plattes.
Die ersten Berichte kamen 1997. Eine Frau namens Klara B. behauptete, ihr Sohn sei "versunken". Nicht ertrunken, sondern versunken. Sie habe gesehen, wie er ruhig unterging, ohne zu zappeln, ohne Angst. Als man das Becken leerpumpte, fand man ihn nicht.
Zwei Tage später stand er nachts vor der Tür. Barfuß, mit nasser Kleidung. Er sagte, er sei "von unten entlassen" worden.
Die SHG registrierte diesen Vorfall. Sie sandten eine Vorhut. Zwei Männer, eine Frau. Tarnung: technische Begehung. In Wahrheit: Messung von Druckfeldern, elektromagnetischen Impulsen, und vor allem: geometrischer Wiederholung. Denn das war immer das Zeichen. Wo Plattlinge lebten, wiederholte sich Form.
Und man fand sie. Rechtecke. Am Beckenrand, auf dem Boden der Umkleide, sogar in den

Lampengehäusen. Immer zwei mal zwei. Wie Spiegelpaare, die sich gegenseitig stützten.
Die Rohre unter dem Becken waren der nächste Hinweis. Man öffnete einen der Wartungsschächte und stieß auf eine Rohrführung, die nicht in der Bauzeichnung verzeichnet war. Vier Leitungen, alle verbunden mit einem metallenen Kasten, der fest in den Beton eingelassen war. Keine Klappe, kein Zugang. Nur eine ovale Vertiefung, in der sich Wasser sammelte. Es roch nicht. Es verdampfte nicht. Es war einfach da.
Ein Techniker – namentlich nicht bekannt, Akte geschwärzt – setzte sich über Nacht in die Filterkammer. Er schaltete alles ab. Kein Licht, kein Ton. Und wartete.
Gegen 3:12 Uhr begannen die Rohre zu vibrieren. Nicht laut. Aber rhythmisch. Es war kein mechanischer Impuls. Sondern ein Pulsieren, als würde das Metall selbst atmen. Der Mann berichtete später, dass er Stimmen hörte. Keine Worte. Nur eine Art Chor, der tief summte. Als würde das Becken beten.
Zwei Wochen später verschwand eine Schulklasse. 23 Kinder, zwei Lehrer. Kein Zeuge. Kein Aufschrei. Nur 25 Paar Schuhe, ordentlich nebeneinander am Rand des Nichtschwimmerbeckens.
Danach wurde das Bad geschlossen. Offiziell wegen Asbest. Inoffiziell: Versiegelung. Ein ganzer Trakt wurde mit Beton aufgefüllt. Die SHG hatte entschieden, dass der Plattling nicht entfernt, sondern eingemauert werden müsse. Zu riskant. Zu aktiv.

Denn dieser Plattling war kein einfacher. Kein isolierter. Er war verbunden. Ein Knotenpunkt. Man hatte Hinweise, dass er in Kontakt stand mit mindestens drei weiteren Wesen – darunter jenem im Wasserdom von Wittenberge.
Der Chor, so sagte man, war ein Netzwerk. Und es sprach.
Ein ehemaliger Schwimmmeister, Herr L., berichtete 2018 in einem Brief an die SHG, dass er damals, kurz vor der Schließung, geträumt habe, er wäre selbst ein Rohr. "Ich war leer, aber alles floss durch mich hindurch."
Der Traum wiederholte sich sieben Nächte lang. Am achten Tag zog er aus Bruchsal weg. Ohne Angabe von Ziel oder Grund.
Im Jahr 2023 wurde das Gelände verkauft. Ein Investor wollte ein Spa errichten. Als man mit dem Aushub begann, entdeckte man erneut die rechteckige Struktur. Zwei mal zwei. Platt. Hart. Kein Materialtest ergab Ergebnisse. Es war nicht Metall. Nicht Stein. Und doch vibrierte es, wenn man die Augen schloss.
Der Bau wurde eingestellt. Keine Presseberichte. Nur eine Notiz in einem lokalen Forum, die nach zwei Tagen gelöscht wurde:
"Er ist noch da. Und er wartet auf die Nächsten."
Die Fallakte 312 wurde nie abgeschlossen. Denn der Plattling war nicht besiegt. Nur gedämpft. Und man wusste: Solche Wesen vergessen nicht. Sie warten. Sie hören. Sie leben von dem, was wir nicht mehr erinnern wollen.
Und während Bruchsal weitermacht, als sei nie etwas gewesen, liegt unter der Erde ein

Rechteck. Zwei mal zwei. Und die Rohre, die aus
seinem Rücken wachsen, sind nicht tot.
Sie schlafen nur.

45

Kapitel 10: Die Flachen unter uns – Systematik, Herkunft, Absicht

Es beginnt mit einer Frage, die sich jeder stellen kann: Warum sind in alten Badezimmern manchmal kleine, weiße Rechtecke eingelassen, oft am Boden, mit Rohren, die scheinbar willkürlich daraus hervorgehen? Und warum wurden genau diese Systeme ab etwa 1970 so gut wie nicht mehr außerhalb der Wand gebaut? Die Antwort darauf ist keine technische. Sie ist interdimensional.
In zehn Fallakten hat sich ein Muster abgezeichnet. Die Wesen, die wir Plattlinge nennen, sind nicht aus dieser Welt. Zumindest nicht in der Form, wie wir sie wahrnehmen. Ihre natürliche Gestalt ist für unsere Raumdimension zu flach, zu ungreifbar. In ihrer Welt sind sie vielleicht vollkommen dreidimensionale oder sogar hyperdimensionale Organismen. Doch um hier zu existieren, müssen sie sich in das quetschen, was unsere Realität ihnen erlaubt: ein 2D-Körper, bestehend aus einem rechteckigen Kopf und einem ebenso flachen Körperkern. Gliedmaßen sind vorhanden, aber so filigran, dass sie sich nicht abbilden lassen.
Diese Reduktion ist keine Schwäche. Sie ist eine Anpassung.
Was wir für Rohrsysteme halten, sind in Wahrheit Lebenserhaltungssysteme. Die Plattlinge können nur existieren, wenn bestimmte thermodynamische und elektromagnetische Bedingungen erfüllt sind. Und diese Bedingungen können über haushaltsübliche Wasserrohre

erzeugt werden – wenn auch unbeabsichtigt. Es sind die Temperaturschwankungen, die Ionisierung, das stehende Wasser, das Kupfer, der Kalk, die Schallwellen aus benachbarten Duschvorgängen. All das schafft ein Fenster. Kein Zeitfenster. Ein Formfenster. Es erlaubt den Wesen, sich dort niederzulassen.

Der erste dokumentierte Fall: Rinteln, 1982. Ein Plattling unter der Wandverkleidung. Dann Herne-Wanne, Wismar, Bruchsal. Je mehr wir sahen, desto klarer wurde: Sie sind überall. Jedes alte Bad kann ein Ankerplatz sein. Nicht, weil die Wesen böse sind. Sondern weil sie unsere Badarchitektur nutzen wie Korallenriffe.

Was wollen sie? Kommunikation scheint zweitrangig. Es geht um Überleben. Aber es gab Hinweise: Zahlenmuster in Wasseranzeigen. Träume von Licht und Linien. Geräusche, die zu einer Sprache formatiert waren, wenn man sie durch ein Spektrogramm jagte. Worte wie „FLACH", „KOMMUNION", „BLEIBEN" tauchten auf. Und Bilder: Immer wieder eine Figur mit ausgebreiteten Armen, fast wie ein Mensch in einer Kreuzhaltung – aber flach.

Die SHG spricht inzwischen von einer stillen Koexistenz. Einem Nebeneinander, das niemand bemerkt, solange es Wasser gibt. Doch die Rohre altern. Und mit ihnen sterben viele Plattlinge. Der Umbau zur wandbasierten Installation war unbewusst ein Akt der Vertreibung. Die Wesen verlieren ihre Anker.

Und es gibt eine Theorie, die sich nicht mehr länger ignorieren lässt: Dass wir selbst einst Besucher waren. Und dass die Plattlinge nur früher kamen. In einer Zeit, in der die Erde noch keine Oberfläche hatte, sondern nur Richtungen. Vielleicht sind sie nicht Fremde. Vielleicht sind sie die Ersten.